Le

Rémi Chaurand est né en 1970 et, depuis, il passe presque tout son temps à rigoler. Il est un peu cyclo-trompiste, un peu électro-poissonnier, vraiment micro-jardinier, presque médecin, entièrement musicien, et papa de deux garçons. Il écrit des livres pour les enfants avec son cher, admirable et charmant copain Christophe Nicolas, un vrai rigolard celui-là aussi.

Frédéric Benaglia est un jeune illustrateur talentueux qui partage son temps entre la direction artistique du magazine *D-Lire* et l'illustration de livres pour la jeunesse. Ses livres sont publiés aux éditions Albin Michel, Tourbillon et Bayard Jeunesse.

Du même illustrateur dans Bayard Poche :

Minouche et le lion (Mes premiers J'aime lire)

Alerte : Poule en panne ! (J'aime lire)

Le concours

Une histoire écrite par Rémi Chaurand
illustrée par Frédéric Bénaglia

BAYARD POCHE

1
Un cow-boy normal

Tom Mac Ferrin est un cow-boy tout à fait normal. Il aime son chapeau, son cheval et ses vaches. Tous les jours, Tom répare des barrières, il compte ses vaches et boit du café.

Il s'ennuie un peu, alors parfois il parle à son cheval. En général, son cheval lève une oreille, mais il ne répond rien et la conversation s'arrête là. Le soir, Tom rentre souvent chez lui avec une espèce de petit vide dans le ventre. Il a soif d'aventure, mais il n'ose pas l'avouer.

Chaque matin, en partant travailler, Tom regarde dans sa boîte aux lettres, même s'il reçoit rarement du courrier. On ne sait jamais... Ainsi, un beau matin, Tom découvre une enveloppe dans sa boîte aux lettres. Il est un peu embêté parce qu'il ne sait pas bien lire le « e », ni le « p », ni le « a » et le « i », non plus, bref, il y a plein de lettres qu'il ne sait pas lire.

Avant de partir compter ses vaches, il décide
de passer voir Paméla Mac Nullin, sa voisine.

— Salut, voisin ! lance Paméla à Tom quand
elle le voit arriver.

— Dis, Paméla, tu ne voudrais pas me lire
cette lettre que j'ai reçue ce matin ? Euh... je
n'ai pas mes lunettes.

— Ouais, ouais, donne, donne, répond Paméla,
comme si elle croyait à cette histoire de lunettes.

Paméla se racle un peu la gorge et, de sa belle voix grave, elle lit :

– « Flat Junction, juin 1869. Monsieur Mac Ferrin, il paraît que vous êtes fort, honnête, loyal, courageux et, surtout, célibataire et sans enfants. Vous pouvez donc passer le concours de shérif de votre ville. Venez samedi, à 10 heures. Prévoyez un casse-croûte. »

Sans dire un mot, sauf un petit merci, Tom prend la lettre des mains de Paméla et il rentre chez lui.

Un peu plus tard, Tom demande à son cheval :

– J'y vais ou j'y vais pas ?

Le cheval lève une oreille, mais il ne dit rien. Toute la journée, Tom pense à la lettre en réparant ses barrières. Parfois, il a envie d'aller passer le concours de shérif, pour voir, et parfois non. Et puis il se dit : « C'est le moment de mettre un peu de fantaisie dans ma vie ! »

Tom est décidé !

Le samedi suivant, Tom confie la clef de son ranch à Paméla, il lui fait un signe de la main et fonce pour ne pas être en retard. En chemin, il pense à l'étoile dorée du shérif. S'il devient shérif, il y a des chances pour que tout le monde le regarde en se disant : « Hou là, c'est quelqu'un, ce Tom Mac Ferrin ! J'aimerais bien être son ami. Ou même sa voisine. »

2
Une bonne bagarre

En arrivant à Flat Junction, Tom découvre qu'il n'est pas seul pour le concours. Quatre autres cow-boys ont reçu la même lettre. Il y a aussi beaucoup d'habitants de la ville qui sont venus voir la tête de leur prochain représentant de la loi. Le shérif qui part à la retraite est là pour les accueillir. Il est tout vieux, il rigole tout le temps.

Le maire de Flat Junction fait son discours avant que les épreuves commencent.

– Messieurs, vous avez été choisis parmi des dizaines de cow-boys pour notre concours de shérif : nous allons vous faire passer quatre épreuves. Le meilleur d'entre vous portera l'étoile que voilà, dès ce soir.

Tom a envie de devenir shérif et, en même temps, il n'a pas trop envie. Sa tête tourne un peu.

Mais il n'a pas le temps de réfléchir : le maire explique déjà la première épreuve. Elle est assez difficile :

— Bon, messieurs, depuis hier soir, il y a une bagarre générale dans le saloon. Vous avez cinq minutes pour mettre de l'ordre là-dedans. Mais sans armes ! J'appelle le premier concurrent : Chomsky, Steve !

Steve Chomsky est un grand costaud, mais il n'a pas l'air très futé. Il entre dans le saloon et commence à taper dans le tas. Assez vite, il reçoit un coup de poing dans l'œil, un genou dans le dos et un coude dans le ventre. Il sort en titubant et en râlant comme un putois.

Pendant ce temps, la bagarre continue...

Le deuxième cow-boy, Herbert Genette, est trouillard comme pas deux quand il n'a pas ses colts*. Il entre dans le saloon en tremblant comme une feuille. Il fait deux pas à l'intérieur, puis il s'évanouit dans un coin, mort de peur. Le vieux shérif est obligé d'aller le chercher en le tirant par les pieds.

Et pendant ce temps, la bagarre continue...

* Un colt, c'est un pistolet, appelé aussi revolver, inventé par l'Américain Colt.

Le troisième cow-boy, Kurt Kant, a toujours de grandes idées à expliquer aux autres. Il entre dans le saloon et commence à discuter avec un bagarreur :

– Hé, ho, cette chaise que tu casses n'est pas à toi ! Pense un peu aux...

Et paf ! il se prend un coup de poing entre les yeux. Kurt Kant sort en hurlant et file se mettre la tête dans un abreuvoir.

Pendant ce temps, la bagarre continue...

Ed Hume, le quatrième concurrent, n'a pas du tout envie de se prendre un gnon, alors il commence à discuter avec le maire :

– Oui, d'accord, mais si j'entre là-dedans, on va me déchirer ma chemise et après, qui va me la rembourser ? Je veux un papier signé !

Le vieux shérif arrête de rigoler. Lui et le maire se regardent : Ed Hume est É-LI-MI-NÉ. Un shérif qui a peur pour sa chemise, on n'a jamais vu ça ! Et pendant ce temps, la bagarre continue...

Le maire annonce :

– Cinquième concurrent : Mac Ferrin, Tom !

Tom entre dans le saloon. Sans réfléchir, il monte sur le bar et se met à crier :

– Hé ho ! Hééé ! Vous êtes sûrs que n'avez rien de mieux à faire ? Et le boulot à la ferme, qui va se le taper ?

Les cow-boys sont plutôt étonnés. Ils arrêtent de se cogner dessus.

– Ouaips, il a raison ce gars-là, j'ai une barrière à réparer, dit un des bagarreurs.

– Moi, j'ai mon foin à rentrer, dit un autre. Allez, on continuera ce soir !

– Ouais, et moi, on vient de me livrer un nouveau cheval à dresser, salut ! lance un troisième.

Les bagarreurs rentrent chez eux. Ça, on dirait que c'est une épreuve gagnée pour Tom.

– Pas mal, mon gars, lui dit le vieux shérif.

Le maire inscrit sur un tableau 18 sur 20 en face du nom de Tom. Kurt Kant a 10, parce qu'il a essayé de dialoguer. Le nom de Ed Hume est définitivement rayé. Les deux autres ont zéro.

3
Tir à la poule

Mais déjà le maire annonce :

– Deuxième épreuve ! Tir au pistolet sur cible vivante, les yeux bandés. La meilleure note à celui qui saura descendre cette poule offerte par l'épicerie De Luey.

Cette fois, Tom est bien ennuyé : il a oublié son revolver sur sa table de nuit...

Le vieux shérif attache la poule à un piquet par une patte. La poule semble plutôt contente, elle ne sait pas ce qui l'attend.

Le maire bande les yeux de Steve Chomsky, le premier concurrent. La poule comprend qu'il va y avoir un petit problème... Elle essaie de ne pas faire de bruit tandis que monsieur Chomsky s'efforce de la viser... Tout le monde retient son souffle, on n'entend pas un bruit, rien, même pas une mouche qui vole. Mais, tout à coup, le petit chien de la vieille lady Denante se met à aboyer sans raison, et alors il arrive ce qui doit arriver : cet imbécile de Steve Chomsky, bien trop nerveux, décharge son colt vers le chien...

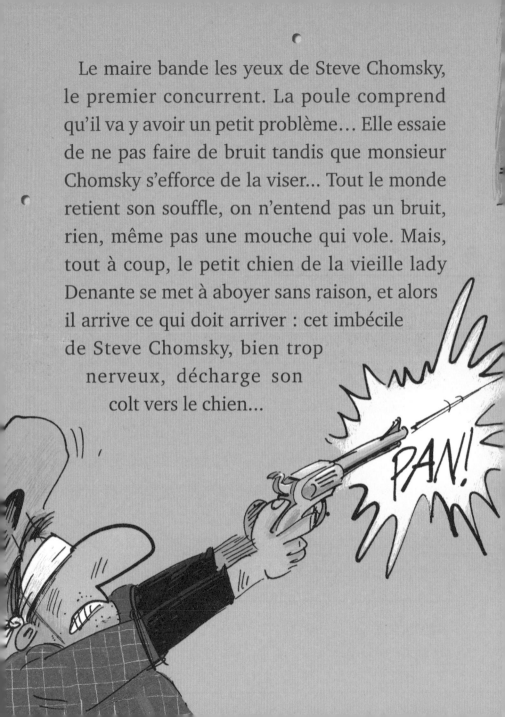

La vieille lady Denante s'évanouit, le maire
se fâche, et le vieux shérif met Steve Chomsky
en prison. Le chien a une oreille trouée, il a
perdu toute son allure.

Comme ce n'est pas possible d'être à la fois
prisonnier et shérif, Chomsky est éliminé.

Au tour d'Herbert Genette d'essayer de descendre la poule. Herbert est une mauviette de trente-deux kilos, mais c'est un excité de la gâchette. À peine a-t-il les yeux bandés qu'il décharge ses cinq colts partout autour de lui. Quand la poussière retombe, on aperçoit la poule qui picore tranquillement. Le maire met un 1 sur 20 à Herbert.

Kurt Kant se prépare. Il s'accroupit devant la poule qui le regarde, étonnée. En effet, Kurt Kant a une grande idée à lui expliquer :

– Petite mademoiselle la poule, tu ne bouges pas, tu restes là, je te tire dessus et, si tu es bien sage, je te donne du bon grain-grain.

La poule semble d'accord, elle attend que Kurt ait les yeux bandés. Quand il ne voit plus rien, elle se décale de dix centimètres, pile.

Kurt vise exactement là où se tenait la poule et tire. PAN !

Raté de dix centimètres, pile ! Bien visé, donc le maire met quand même 12 sur 20 à Kurt Kant, qui essaie de donner un coup de pied à la poule.

C'est le tour de Tom. On lui bande les yeux et on lui prête une arme, puisqu'il a oublié son revolver. Pour se préparer, Tom tourne le dos à la poule. Rassurée, la poule se remet à picorer. Tom s'applique pour mettre son doigt dans la gâchette et, tout à coup, sans le vouloir, il tire...

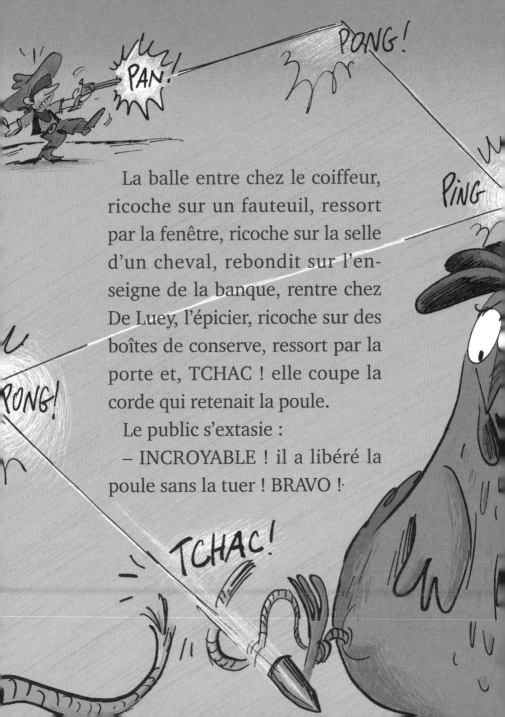

La balle entre chez le coiffeur, ricoche sur un fauteuil, ressort par la fenêtre, ricoche sur la selle d'un cheval, rebondit sur l'enseigne de la banque, rentre chez De Luey, l'épicier, ricoche sur des boîtes de conserve, ressort par la porte et, TCHAC ! elle coupe la corde qui retenait la poule.

Le public s'extasie :

– INCROYABLE ! il a libéré la poule sans la tuer ! BRAVO !

Le maire de Flat Junction met sa craie dans sa bouche pour applaudir. Puis il dessine un beau 16 sur 20 sur la colonne « Mac Ferrin, Tom ». Tom se dit : « La chance est avec moi. »

– Pause casse-croûte, lance le maire.

Pendant le pique-nique, tout en croquant dans son sandwich au steak et à la sauce tomate, Tom fixe l'étoile du vieux shérif. Ensuite, les candidats font une petite sieste. Mais la voix du maire retentit bientôt...

4
Troisième épreuve

– Par ici, par ici ! Troisième épreuve ! Vous devez vous placer au milieu du croisement des deux rues principales et régler la circulation.

Le vieux shérif glousse :

– Bien sûr, il faut éviter les embouteillages et les ralentissements !

En effet, il y a du monde à cette heure de l'après-midi : les cow-boys vont au saloon, les banquiers chez le coiffeur, les enfants retournent à l'école, et quelques troupeaux de vaches passent par là parce que c'est un raccourci.

Le maire crie :

– J'appelle Genette, Herbert !

Le roi du colt semble sûr de lui. Il se met en
plein milieu du carrefour et fait de grands signes
pour organiser les passages. Tout se passe bien
jusqu'à ce qu'un troupeau de deux mille vaches
arrive par le nord tandis que, par le sud, surgit
le club des tricoteuses de Miss Marple qui rentre
d'un championnat de tricot en salle.

Herbert est trouillard, mais il est surtout rustaud* : il décide de faire passer les vaches en premier. Évidemment, Miss Marple s'approche de lui en « ralotant » :

– Dites, mon garçon, vous pourriez être un peu galant : nous sommes des dames ! Faites donc reculer ces bêtes et laissez-nous passer !

Herbert est d'accord. Il stoppe les vaches qui commençaient à s'engager et fait signe aux tricoteuses d'avancer. Les vaches pensent que le geste s'adresse à elles, et elles redémarrent.

* Un rustaud, c'est quelqu'un qui ne fait pas attention aux autres.

Furieuses, les tricoteuses donnent des coups de parapluie à Herbert. Complètement dépassé, Herbert sort un de ses colts et tire en l'air, pour calmer tout le monde. C'est le contraire qui se produit ! Les vaches deviennent folles, les tricoteuses paniquent... Et voilà : il faudra quatre heures pour regrouper le troupeau et calmer Miss Marple.

Herbert se paie un 5 sur 20. Il décide d'abandonner. De toute façon, il ne voulait pas devenir shérif, c'est sa mère qui voulait. Lui, il préfère être boulanger ou potier.

C'est le tour de Kurt Kant. Il demande un temps de préparation avant de commencer. Il revient au bout de dix minutes, les bras chargés de planches et d'un pot de peinture jaune. Avec, il trace sur le sol de larges bandes. Devant chaque bande, il installe un panneau en forme de flèche. Sur les panneaux, il écrit : « VACHES », « DILIGENCES », « CHEVAUX », « ENFANTS », « COW-BOYS », « TRICOTEUSES ».

Au début, tout se passe bien. Kurt est au milieu du carrefour et regarde, satisfait, les chevaux passer sur la route « CHEVAUX », les enfants sur la route « ENFANTS » et les vaches sur la route « VACHES ». Mais, au bout d'un petit moment, un cow-boy vient voir Kurt.

Le cow-boy demande :
– Dites, monsieur l'adjoint, moi je suis un cow-boy, j'arrive avec ma vache et mon cheval, et je viens de prendre mon fils à l'école, je passe par où ?

Alors arrive un autre cow-boy :

– Capitaine, ma diligence contient quatre tricoteuses, un enfant et trois cow-boys, je vais où ?

Au bout d'un quart d'heure, le carrefour est archibouché : tous les gens font la queue devant Kurt pour lui poser des questions.

Le maire met 16 sur 20 à Kurt Kant, parce que son idée n'était pas si mauvaise que ça.

Enfin, c'est le tour de Tom. Il s'assied sur une chaise au milieu du carrefour. Et, à chaque personne qui passe devant lui, il demande 350 dollars, au nom de la loi. Au bout d'un quart d'heure, plus personne ne passe par ce carrefour : c'est trop cher ! Le maire est bien obligé de mettre une bonne note à Tom, mais il n'est pas vraiment sûr que ce soit une bonne idée.

5
L'épreuve de vérité

C'est la dernière épreuve. Le maire déclare :

– Cette quatrième épreuve n'est pas compliquée. Elle est même toute bête. Il faut lire à voix haute aux habitants de Flat Junction l'annonce de la kermesse et du rodéo de la semaine prochaine. Juste pour voir si notre futur shérif est capable de se faire entendre !

Sans attendre qu'on l'appelle, Kurt Kant prend l'annonce, monte sur un tonneau et commence à lire. Il lit très bien, il fait même des gestes, prend des postures pour expliquer aux enfants, répète trois fois pour ceux qui ne comprennent pas vite. Il parle très fort pour les durs d'oreille et articule distinctement pour ceux qui sont trop loin. Tout le monde trouve ça parfait et applaudit en criant :

– Ouais ! Encore ! Super ! Bravo, Kurt !

Le maire montre un large sourire. Kurt est son candidat chouchou, ça se voit. 19 sur 20 !

Tout content de son effet, Kurt se met à chanter une chanson et à réciter une petite poésie sur les fleurs. Au moment où il se met à danser un fox-trot, le vieux shérif donne un coup de pied dans le tonneau.

Kurt se retrouve les fesses dans la poussière ! Le vieux shérif dit qu'il n'y a pas de temps à perdre avec l'art et que, maintenant, c'est à Tom de faire sa lecture.

Tom est drôlement ennuyé : il ne sait lire que le « t », le « o », et le « m ». C'est normal, et parfois ça suffit. Mais là, sur la feuille, il y a pas mal d'autres lettres... Au moment où il monte sur le tonneau pour annoncer qu'il a oublié ses lunettes, il voit mademoiselle Paméla Mac Nullin qui se faufile juste derrière lui. Elle fait signe à Tom de lui passer la première feuille. Tom la lui glisse discrètement.

De sa belle voix grave, Paméla commence à
lire tout fort. À chaque mot qu'elle lit, elle
pince le mollet de Tom. Tom a compris ! Il
bouge les lèvres en même temps que Paméla
lui pince le mollet. Et ça marche ! Tom bouge
les lèvres et Paméla lit à haute voix.

Parfois, Tom bouge encore les lèvres alors
que Paméla ne dit plus rien, mais personne n'y
fait attention. Tom a une grosse tache de sauce
tomate sur sa chemise, c'est ça que tout le
monde regarde.

Le maire préférait la démonstration de Kurt, mais il dit quand même :

– Bon, c'est pas mal, nous lui mettons 12 sur 20. Tom se dit que l'étoile de shérif est peut-être pour lui. Mais Kurt aussi : il serre la main de Tom, comme pour s'excuser d'avoir gagné...

Kurt ou Tom ? Qui sera le nouveau shérif de Flat Junction ?

6
Un cow-boy pleure

Le maire, l'ancien shérif et cinq vieux de la ville se retirent à la mairie pour faire les calculs et choisir le futur représentant de la loi.

Tom s'est éloigné de Kurt pour rejoindre Paméla :

– Tu sais, Paméli chéra, heu, Pamérie Chéla, non, Paméla chérie, merci beaucoup pour ton aide. Je viens d'avoir une idée super : allons boire une limonade au saloon !

Paméla devient toute rose, elle dit :

– Ouais, ouais ! d'accord, mais vite, parce que les vaches sont toutes seules ! D'ailleurs, moi aussi, j'ai une idée : si tu me répares ma boîte aux lettres, je t'apprends à lire.

– Ouais, je te répare ta boîte aux lettres, je t'installe des barrières, je te fais des étagères, je compte tes vaches, on se fait un café, et tu m'apprends à lire, d'ac ?

– D'ac, dit Paméla. Mais tes vaches, tu vas en faire quoi, si tu es nommé shérif ?

Ah ! Tom n'avait pas pensé à ça.

Au bout d'une demi-heure, le maire, l'ancien shérif et les cinq vieux de la ville reviennent pour annoncer le nom du vainqueur. Le maire monte sur le tonneau et annonce :

– Le nouveau shérif de Flat Junction est TOM MAC FERRIN !

Tout le monde hurle, chante, lance son chapeau en l'air ! Kurt Kant part en pleurant, à cheval, ce qui est assez dangereux.

On cherche Tom pour le féliciter et pour lui donner l'étoile de shérif et les clefs de la prison. Mais Tom n'est nulle part... On cherche partout : Tom a disparu. Soudain, quelqu'un appelle du saloon.

– Hé, venez voir ! Il va falloir rattraper Kurt Kant !

Avant de partir, Tom a écrit avec le rouge à lèvres de Paméla sur la grande vitre du saloon (Paméla l'a aidé pour certaines lettres) :

JE PRÉFÈRE RESTER FERMIER, DONNEZ L'ÉTOILE À KURT, C'EST UN TYPE BIEN.

Sur le chemin du retour, Tom et Paméla ont arrêté de parler de réparations. Maintenant, ils se parlent d'amour...

Achevé d'imprimer en mars 2006 par Oberthur Graphique
35000 RENNES – N° Impression : 6951
Imprimé en France